LA

# GRANDE CRISE

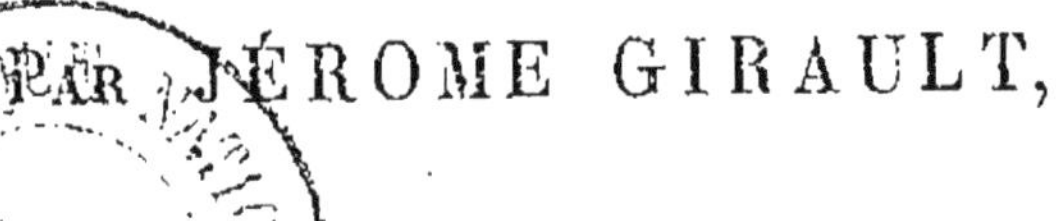

PAR JÉROME GIRAULT,

CULTIVATEUR.



« La France ne doit espérer qu'en Dieu, en ce Dieu dont Bossuet a dit : « Il réduit l'homme au désespoir et « il agit. »

PRIX : 15 centimes.



EN VENTE

CHEZ TOUS LES LIBRAIRES.

1874

# LA GRANDE CRISE.

## I.

Depuis 1830, la malédiction divine s'est appesantie sur notre France et sur l'Europe entière, et depuis 1830, un entêtement orgueilleux s'obstine à le nier ; une impiété stupide s'évertue même à blasphémer de plus en plus le Seigneur, à se moquer de sa religion et à dominer l'Église. Faudra-t-il donc que les châtiments du ciel nous plongent dans la plus affreuse détresse pour nous ouvrir les yeux, nous contraindre à confesser nos fautes et à recourir enfin à la miséricorde de *Celui* qui seul peut nous délivrer de nos maux ?

Je n'ai pas l'intention, dans cet écrit, d'énumérer toutes les causes et tous les effets de la colère céleste ; je ne veux pas exhumer les grandes calamités que nous ont occasionnés ces gouvernements transitoires, usurpateurs, illégitimes, qui, après nous avoir entraînés dans la plus complète indifférence politique, suivie de l'indifférence religieuse, en nous faisant tantôt *orléanistes*, tantôt *républicains*, tantôt *impérialistes* nous font repousser le seul gouvernement qui pourrait assurer le bonheur de la France. Pourquoi? Parce que ce gouvernement se montre sous des auspices religieux. Nous pouvons donc dire, avec vérité, que ce n'est pas le Roi légitime que nous rejetons, mais Dieu, dont il accomplirait les œuvres. Un Barabbas satisferait mieux nos goûts et nos inclinations.

Mon but, dans cet opuscule, est de prémunir autant qu'il est en mon faible pouvoir mes compatriotes, contre cette crise terrible, prévue par un grand nombre, attendue par plusieurs comme devant être le juste châtiment des fautes commises, surtout depuis vingt ans, et dont la France ne semble pas vouloir se détacher. Les enseignements de l'histoire, l'étude des événements de chaque jour doivent nous servir de leçon. Heureux les individus qui, rentrant en eux-mêmes, savent profiter de l'expérience acquise! Heureuses les nations qui, instruites de leurs fautes, évitent les rechutes si préjudiciables à leur gloire et à leur prospérité!

## II.

Il ne faut pas se le dissimuler : Napoléon III est la cause de nos dernières révolutions, de tous les malheurs qui nous accablent, dont le terme, encore inconnu, se terminera par une catastrophe épouvantable, si nous n'appelons la miséricorde de Dieu à notre secours.

Monté sur le trône à l'aide des sociétés secrètes, Louis-Napoléon n'a eu qu'un but : tromper la France par sa fourberie, et jouer hypocritement la Papauté qu'il avait juré de détruire.

Persuader à la France catholique qu'il était le soutien de la religion, et d'un autre côté, encourager secrètement les sociétés auxquelles il était affilié, à détruire l'Église, telle a été jusqu'au dernier moment sa triste politique.

Que de Français honnêtes se sont laissés prendre aux ruses de cet homme ! Que de ministres du Seigneur, que de pontifes du Très-Haut ont été les dupes de cette hypocrisie !... Que de complaisants, que d'adulateurs ont concouru, en dehors des pervers, à la ruine de notre patrie, aux épreuves et aux malheurs de la Papauté !

Dieu ne peut laisser impunis ni les uns ni les autres. Nous ne sommes pas changés. Les malheurs de la guerre, les épreuves de la Commune, les châtiments des révolutions précédentes ne nous ont point ouvert les yeux.

Le salut de la France et de l'Europe entière dépend de notre retour à Dieu, de notre soumission à l'Église ;

je dis plus, de notre piété filiale envers le Pape, comme Vicaire de Jésus-Christ et Chef visible de son Église.

La France plus que tout autre peuple est la nation choisie par Jésus-Christ, la Fille aînée de son Église, le glaive de la Papauté. Aussi, Dieu a montré que, dans tous les temps, chaque malheur de notre patrie correspondait à une impiété gouvernementale, à une infidélité de la nation dite très-chrétienne.

Cela par conséquent nous enseigne que la France est traitée de Dieu, selon qu'elle traite le Pape ou agit envers l'Église et la religion.

Ouvrons les annales de l'histoire, et nous serons convaincus de ces vérités! Comment sont morts les persécuteurs de l'Église, les hypocrites qui ont voulu dominer Dieu et asservir sa société sainte?

Ne parlons que de notre époque. On nous a souvent cité la fin tragique des barbares de la grande Révolution. Et qui de nous ne connaît pas les crimes et les châtiments du premier Bonaparte ?

Le gouvernement de la Restauration, si rempli du désir d'accomplir le bien, et qui en a tant fait, — ses ennemis eux-mêmes lui rendent justice, — n'a-t-il pas succombé pour avoir trop concédé à l'esprit révolutionnaire, admettant dans ses conseils un ancien régicide, Fouché, un évêque apostat, Talleyrand; subissant des influences fâcheuses, contraires au bien qu'elle convoitait, mais que sa faiblesse pour les faux libéraux de l'époque lui faisait subir ? Monseigneur le comte de Chambord ne veut pas tomber dans de tels errements : voilà pourquoi il tient haut et ferme son drapeau. Qui donc oserait l'en blâmer ?

Et l'usurpateur Louis-Philippe n'est-il pas tombé pour avoir soutenu le mal, et hypocritement pactisé avec lui ?

Qui peut excuser la conduite double et perfide de ce monarque, à l'égard de l'Église catholique ? Qui ne connaît ses agissements sous la Restauration, ses accointances avec les sociétés secrètes et les libéraux de l'époque ? Ses enfants se sont réconciliés avec Mgr le comte de Chambord ; nous voulons croire que cette réconciliation, que nous avons saluée avec joie, est sincère. Mais pourquoi ces princes n'élèvent-ils pas la voix pour soutenir hautement et noblement les droits de leur aîné ?..... Pourquoi Mgr le duc d'Aumale n'est-il pas encore allé se jeter dans les bras de son royal cousin ? Cette conduite est-elle franche, loyale, digne des Princes de la maison de France ? L'avenir nous l'apprendra !...

Les événements de nos dernières années méritent surtout d'être étudiés avec soin. Jusqu'à présent, ils ont été négligés : on semble croire que la Providence ne se mêle pas de nos affaires ; que tout est laissé au caprice, au hasard, et voilà pourquoi, vivant sans religion, sans foi, nous marchons à grands pas, tête baissée et comme des aveugles, vers la grande crise.

## III.

Napoléon III permet à Victor-Emmanuel, roi de Piémont, de porter la guerre dans les États de l'Église. — En 1866, après Sadowa, il dit au maréchal Randon, protestant, son ministre, qui voulait se joindre à l'Autriche et déclarer la guerre à la Prusse : « *Non, attendons quelques années ; je veux* « *laisser se former une grande nation protestante,* « *pour intimider le Pape et les cléricaux qui me* « *donnent de la tablature*[1]. » Et Dieu, en 1870, envoie une guerre désastreuse dans les États de Napoléon.

Napoléon a laissé envahir et dérober les Provinces pontificales. — Dieu a fait envahir la France, dévaster et prendre ses plus belles provinces.

Napoléon a préparé l'emprisonnement de Pie IX, et

1. *Le Monde*, 22 février 1874, d'après la *Décentralisation, extrait d'une lettre du maréchal Randon, ministre de la guerre sous l'Empire*. Le maréchal Randon est mort catholique. Dieu a ainsi récompensé son courage à défendre la Papauté au Sénat et dans les conseils de l'Etat.

l'a livré sans défense au roi Victor-Emmanuel. — Dieu a livré Napoléon et ses soldats à Guillaume, roi de Prusse.

Napoléon a désorganisé le gouvernement de l'Église, entravé le concile, excité des divisions, soulevé les Arméniens à Rome et à Constantinople. Le gouvernement de la défense nationale et M. Thiers ont continué la même politique et consolidé le gouvernement italien, dans ses sacriléges envahissements. — Dieu a permis que nos armées, nos législateurs, nos employés, nos fournisseurs fussent désorganisés, inintelligents et pillards....., et que les Prussiens nous missent à la raison en nous tenant à leur discrétion.

Napoléon a bravé l'excommunication en continuant son concours à la révolution italienne ; le pouvoir du 4 septembre et celui de M. Thiers ont suivi les mêmes errements. — Dieu les a renversés comme il renversera tout gouvernement qui tombera dans les mêmes erreurs.

Napoléon, pour favoriser partout la révolution antichrétienne, a imposé la politique impie de la non-intervention, si opposée à la charité prêchée par Jésus-Christ et son Église aux nations. — Dieu a fait subir à la France cette même abstention lors de nos désastres.

*

Arrêtons-nous dans ces similitudes; mais notons de plus étonnantes coïncidences.

Napoléon, ce contempteur de l'autorité divine du Vicaire de Jésus-Christ et de l'Église, n'a pas plutôt su quel sera le décret du Concile sur l'infaillibilité pontificale, que ses amis ou ses ambitieux complaisants fuient de Rome, et qu'il écrit lui-même à l'empereur d'Autriche : « J'ai répondu à ce nouveau « dogme en donnant l'ordre à nos troupes de quitter « Rome ; vous aurez aussi plusieurs moyens d'y « répondre... » — Et le même jour (19 juillet), cet insensé déclarait la guerre à celui qui devait le châtier et purifier la France de ses iniquités.

Le 4 août, nos soldats évacuent Rome qu'ils devaient protéger contre les modernes Lombards... — Et le 4 août les Prussiens souillaient notre sol français; et Napoléon était vaincu à Wissembourg; et la France perdait dans cette bataille juste autant de soldats qu'il en était parti de la Ville éternelle...; et ces troupes venaient juste à Sédan pour y être trahies.

Le 6 août, le drapeau français ne flotte plus dans les États du Saint-Siége. — Le même jour, l'Empire français est battu à Forbach. Au moment où nos dernières troupes quittent le territoire pontifical et s'embarquent à Civita-Vecchia, nous perdons la bataille de Reischoffen, si désastreuse pour nos armes.

La veille de l'Assomption, fête de la consécration de la France à Marie, Bonaparte et son gouvernement, représentés par M. Chevreau, ministre de l'intérieur, glorifient Voltaire et installent son ignoble statue, souscrite par les lecteurs du journal *le Siècle*, ennemi de la religion... — Dans le même nstant, le maréchal Bazaine, repoussé par l'ennemi et ne pouvant rejoindre le maréchal de Mac-Mahon, se réfugie à Metz.

Le 2 septembre, Victor-Emmanuel, encouragé par Napoléon et par le départ de nos troupes, envoie une armée de brigands contre Rome. — Et ce même jour, Bonaparte, son armée de cent mille soldats et Sédan se livrent à Bismark et au roi Guillaume.

Le 19 septembre, l'armée italienne investit Rome et s'en empare avec l'assentiment du gouvernement de la Défense nationale... A ce même moment, l'armée prussienne a investi Paris.

Le 28 septembre, Sénart, envoyé extraordinaire auprès du roi d'Italie, félicite, au nom de la République française, Victor-Emmanuel de sa conquête de Rome... Et, le 28 septembre, Strasbourg est conquis par les Prussiens.

Le 28 octobre, Bazaine, plus dévoué à Bonaparte qu'à sa patrie, trahit la France et livre à nos ennemis Metz et son armée de cent trente mille hommes... Mais, ce jour-là, Jules Simon réinstallait dans leur chaire de pestilence le libre-penseur Quinet, et Renan, le contempteur de Jésus-Christ!!!

Comment ne pas voir dans de telles coïncidences le doigt de Dieu? Soyons donc convaincus que la divine Providence nous réserve de nouvelles catastrophes, si nous ne revenons pas à Elle et si le gouvernement actuel tombe dans les fautes de ses devanciers.

## IV.

Nous l'avons dit dans nos causeries sur la réconciliation de la noble et royale famille des Bourbons : si les honnêtes gens ont pris le dessus dans les affaires publiques, si le libre-penseur Thiers, qui n'a de confiance qu'en lui, a été renversé, c'est parce que la majorité de la Chambre a réveillé sa foi en Dieu et mis en lui sa confiance. Dieu a voulu récompenser les prières publiques ordonnées par l'Assemblée nationale; il a exaucé ces nombreux pèlerinages, manifestations touchantes de sentiments religieux encore vivaces dans bien des cœurs.

Seulement, ne l'oublions pas, ces prières publiques, ces pèlerinages aux sanctuaires les plus vénérés ne suffisent pas. La nation est coupable, il faut que la nation abaisse son orgueil, il faut qu'elle reconnaisse entièrement la puissance de l'Éternel, son intervention dans les affaires de ce monde. Il faut que nous sachions qu'un seul cheveu ne peut pas tomber de notre tête sans sa permission divine. Le péché est national, la réparation doit être nationale.

Des hommes corrompus et corrupteurs ont travaillé depuis longtemps et travaillent encore tous les jours à réduire la France à cet affreux état qui désole toutes les âmes honnêtes. Dans leur fol orgueil, ces hommes croient pouvoir se passer de Dieu, se moquer de la religion et de l'Église, transgresser impunément les préceptes divins et les lois ecclésiastiques et vivre gaiement selon le libertinage de leur cœur et de leur esprit. Déjà, Dieu n'a fait que souffler sur plusieurs parmi eux...., et ils ne sont plus... Le Seigneur n'a qu'à rire de leur jactance, pour nous dévoiler l'absurdité de leurs idées, la folie de leurs œuvres et le néant de leurs ressources. Mais le venin de l'impiété tombée d'en-haut a pénétré partout, jusque dans les bas fonds de la société ; toute la France est coupable; si elle veut voir la fin de ses maux, elle doit avant tout se repentir et faire amende honorable à son Créateur.

N'oublions pas que c'est notre impiété orgueilleuse qui a proclamé les droits de l'homme au préjudice des droits de Dieu. Il faut donc que les droits de Dieu soient reconnus, proclamés, et que la loi française cesse d'être athée.

**

En sommes-nous là ? Non !

L'orgueil des faux principes de 89 est toujours à son poste ; c'est lui qui enfante les révolutionnaires rebelles à toute puissance, à toute autorité divine et humaine.

C'est lui qui élève notre raison au-dessus de la foi et nous plonge dans de vaines et frivoles spéculations.

C'est cet orgueil qui nous empèche de voir tout le mal qui s'est fait et se fait encore tous les jours en France et en Europe, depuis cette date fatale.

C'est lui qui a enfanté ce catholicisme libéral, embrassé par des gens honnêtes sans doute, qui vivent de bonnes intentions, mais qui ne voient pas qu'ils mettent leurs petites idées à la place des grandes idées de Dieu et de sa sainte Église.

L'orgueil ne se soumet jamais ; cette volupté de l'esprit est pire que celle de la chair ; elle s'attaque directement au Très-Haut, et lorsqu'elle ne va pas jusqu'à nier son existence, elle veut au moins lui poser ses conditions.

Révolutionnaires de toutes les écoles, catholiques libéraux de toutes les nuances, orgueilleux de toute espèce, qui résistez à l'ordre établi par le Créateur, c'est vous qui appelez sur notre patrie et sur l'Europe entière les grands châtiments qui se préparent.

Un prince à jamais illustre, que tous, ennemis et amis, proclament un prince accompli sous tous les rapports, s'est présenté à la France. Il a émis ses idées, déployé son noble drapeau ; et ce prince n'a pu accepter la couronne que l'Assemblée nationale voulait lui restituer, parce que cette Assemblée, composée, je l'avoue, de gens probes et honnêtes, mais imbus encore de l'orgueil des faux principes de 89, n'a pas compris sa mission et a voulu imposer au Roi des conditions que sa loyauté, son honneur, sa foi et sa conscience ne pouvaient accepter.

La France donne tout pouvoir à un aventurier ; elle le laisse maître de tout décider ; elle proclame cet aventurier par des millions de suffrages. Elle porte sur le pavois le héros de Forli [1], de Strasbourg, de Boulogne, l'assassin du 2 décembre, le proscripteur de nos meilleurs généraux, l'instigateur des commissions mixtes qui déportent des milliers de pères de famille, et elle repousse, par des conditions inacceptables, le descendant de nos rois, le prince généreux, l'homme franc et loyal qui ne craint pas de proclamer ses sentiments religieux, qui ose dire « qu'il attend peu de l'habileté des hommes, mais « beaucoup de la justice de Dieu » ; un prince dont

1. Louis-Napoléon s'est insurgé contre le Pape Grégoire XVI à l'âge de 24 ans.

« la foi vive jette un regard sur le Vatican, pour « ranimer son courage et fortifier son espérance[1] ».

Prenez garde, Messieurs les conservateurs ; prenez garde, ô catholiques libéraux ! C'est la foi d'Henri V qui vous épouvante, et cette crainte d'une foi robuste et inébranlable sera la cause des catastrophes que Dieu nous réserve et dont vous serez les premières victimes.

Henri V avec ses talents, ses heureuses qualités, vous plaît ; vous le désirez peut-être sincèrement pour Roi, comme seul principe vraiment conservateur, appuyé sur une tradition de quatorze siècles. Mais, élevés à l'école révolutionnaire de 1789, tout en répudiant 91 et 93, vous avez de l'attachement pour les faux principes de cette époque, et vous ne voulez pas d'un prince régénérateur qui, tout en aimant son temps et en lui prenant ce qu'il a de bon, veut avant tout rendre à Dieu ce qui appartient à Dieu et donner à la nation française, autrefois si grande, parce qu'elle était chrétienne, les lois et les libertés qui conviennent à tout peuple chrétien.

Vous vous attachez au drapeau tricolore qui surmontait l'échafaud sur lequel sont montés les pères de plusieurs parmi vous, et vous lui sacrifiez ce

1. Lettre de Mgr le comte de Chambord à Mgr Dupanloup, évêque d'Orléans.

drapeau blanc, à l'ombre duquel ils combattirent avec tant de gloire. Vous n'en voulez pas, parce que le prince qui le tient noblement dans ses mains royales est un prince que vous regardez comme trop croyant, trop catholique pour notre époque.

Mais vous oubliez donc que ce prince catholique, seul capable et apte à régner dans ce siècle de dépravations et d'injustices, fera les œuvres saintes du catholicisme, qu'il rendra la justice sans passion, sans vengeance, sans faiblesse; qu'il sera charitable en allégeant les souffrances de son peuple et en diminuant les lourdes charges que lui a imposées et que lui impose chaque jour la Révolution! Vous oubliez donc que lui seul peut vous donner cette sage et saine liberté qui ne nuit à personne parce qu'elle n'est pas la licence, et profite à tous parce qu'elle est le dévouement et la charité.

Prince catholique et digne de ce titre glorieux, il tiendra haut le drapeau de la France, parce qu'il sait que noblesse oblige, et que la nation doit accomplir les œuvres de Dieu. Seul M. le comte de Chambord pourrait cesser la lutte des partis, concilier l'ordre et la liberté, rendre à la France son unité, ses alliances, sa prépondérance morale, ses traditions d'honneur et de loyauté, de générosité et d'abnégation qui la faisaient admirer et aimer. Seul il a mission et autorité pour cela.

***

Henri V ne constituerait pas la France, comme l'ont tenté vingt gouvernements depuis 89 et Louis XVIII lui-même : car une constitution vivante est l'œuvre de Dieu, de la nature et du temps; mais, mettant à profit l'expérience de ce siècle et se conformant aux exigences légitimes de notre époque, faisant droit au progrès véritable, il mettrait la législation en conformité avec la loi divine et avec les lois fondamentales écrites jadis dans le cœur des Français et qui étaient le fruit du Christianisme : lois qui sauvegardaient et l'autorité divine, et l'autorité royale, et la liberté nationale, et l'intégrité du territoire, et l'honneur de la France, et cette égalité, et cette fraternité chrétienne que ni 89 ni 93 n'ont pu nous donner.

L'Assemblée Nationale aurait pu réparer tous les désastres de la guerre et enchaîner la Révolution en rappelant Henri V. Elle le pouvait à Bordeaux avant la paix, puis après la Commune, puis le 24 mai, puis au mois d'octobre dernier. Ces occasions manquées se représenteront-elles? Je l'ignore, car le radicalisme et l'Empire ont endoctriné la foule en la démoralisant.

La foule, flattée dans ses passions, étant séduite, et les classes dirigeantes dans leur orgueil insensé repoussant les deux sauveurs que la miséricorde divine nous envoyait, repoussant dans l'ordre spirituel et matériel le Pape et le Roi légitime, une nouvelle crise est inévitable.

Changeons donc nos idées mesquines, puériles, infatuées de vanité, et revenons de tout cœur à celui qui se proclame justement le Roi des rois. C'est là le seul moyen de rendre notre pays à sa grandeur et à sa prospérité. Monarchistes, c'est la seule voie pour obtenir un prince digne de notre ancienne gloire et capable de conjurer par ses vertus la tourmente révolutionnaire suspendue sur nos têtes.

Ne croyez pas retarder cette crise par des moyens purement humains, par vos sept années de prorogation de pouvoirs, par des lois constitionnelles sur lesquelles vos commissions ne peuvent s'entendre....... Ne voyez-vous pas, ô conservateurs, que le flot révolutionnaire monte toujours? n'entendez-vous pas les roulements de l'orage..... ? Votre drapeau tricolore sera bientôt changé en drapeau rouge, et l'expérience ne vous a-t-elle pas assez démontré que la Providence sait déjouer tous les calculs purement humains[1] ?

Le Seigneur sous la loi ancienne avait son peuple

1. Ces derniers jours nous ont montré de nouveau, les divisions de l'Assemblée nationale, les peines que l'on a à constituer un ministère.... L'abîme est toujours ouvert, il attend ses victimes.

privilégié ; Jésus-Christ sous la loi nouvelle avait le sien aussi. Saint Remy a initié ce peuple et son chef à la gloire qui lui était destinée, au jour de son baptême. Le peuple juif a été maudit..... Craignons pour le peuple français ! L'Empire grec a failli à sa mission de propager la foi en Orient ; Dieu l'a livré au Turc. L'Empire franc oubliait aussi sa mission de faire régner la vérité divine et d'implanter la civilisation chrétienne en Occident et en Orient ; notre patrie était devenue *officiellement* la corruptrice du monde, et Dieu l'a livrée au Prussien.... Nos malheurs se multiplieront, tant que, aveuglés, nous ne verrons que des événements humains dans tout ce qui se passe et que des moyens humains pour nous délivrer. Le Seigneur ne nous secondera qu'autant que nous retournerons sincèrement à lui.

Alors s'il faut des miracles pour nous délivrer de nos ennemis et pour remettre la France à la tête des nations, Dieu fera ces miracles ; car le Dieu des Francs est le même que le Dieu d'Israël ; il était hier ce qu'il est aujourd'hui , ce qu'il sera demain , et sa bonté égale encore sa puissance.

C'est la religion, c'est l'Église qui ont fait la France ce qu'elle était : *le plus beau royaume*, disait Leibnitz, *après celui du ciel.* Gibbon reconnaît aussi que *la monarchie française a été l'œuvre de ses évêques qui l'ont formée comme les abeilles bâtissent leur ruche.* De nos jours, Villemain fait le même aveu et déclare, en outre, *que les spéculatifs et les lettrés ont fait la Révolution et la nouvelle France*, cette France que nous trouvons aujourd'hui réduite aux abois, tant elle est gangrenée.

Dieu aujourd'hui est devenu un scandale, la croix un opprobre, et l'Église une superfétation.

L'erreur est triomphante sous le masque de l'indifférence. Notre législation ne se contente pas d'être athée, elle s'en glorifie, et nos gouvernants, il y a quelques années, se sont enorgueillis de ne point se confesser..... Il est bien temps que le monde sérieux abjure cette apostasie et qu'il sorte de cette putréfaction infernale.

A l'œuvre divine donc, Messieurs les conservateurs ; sinon vous êtes perdus, et nous avec vous !

## V.

Quelle sera cette crise épouvantable, quels seront ces châtiments terribles dont nous sommes menacés ?

A toutes les époques, lorsque l'Éternel a voulu frapper un grand coup sur la terre, il a manifesté ses intentions à de pieux personnages ; il leur a révélé ses projets divins, soit par lui-même, soit par son auguste Mère, soit par ses Anges et ses Saints.

Sans doute, l'Église, toujours d'une grande prudence, n'admet qu'avec réserve ces sortes de faits, nommés révélations ; et ce n'est qu'après les avoir mûrement examinés, qu'elle encourage la confiance des chrétiens, sans en faire des articles de foi. Mais quel est l'homme qui peut sans témérité rejeter ce que l'Église encourage, et mépriser ce que l'Église regarde comme digne de ses attentions ?

Qui de nous peut nier certaines prophéties rapportées par des personnes dont la vertu est éclatante, et surtout lorsque cette vertu est proclamée par l'Église infaillible, nous offrant comme modèles et comme protecteurs ces saints personnages.

Bien des révélations ont été faites, touchant la grande crise qui nous menace ; et ce qui doit frapper tout homme sérieux, c'est la concordance de toutes ces manifestations extraordinaires, malgré la différence des temps, des lieux et des personnes qui n'ont pu se connaître et dont plusieurs ont certainement ignoré les révélations faites dans d'autres contrées et dans d'autres circonstances.

Qui de nous n'a pas entendu parler des apparitions de la sainte Vierge, à la Salette, à Lourdes, à Pontmain ? Nos prétendus sages ont souri au récit de ces prodiges. Et cependant, les pèlerinages nombreux et spontanés à ces lieux sanctifiés par la présence de Marie immaculée, manifestations de l'univers catholique, sont un fait aussi miraculeux que les apparitions elles-mêmes. Nous ne pouvons donc regarder qu'avec pitié tous nos prétendus grands politiques qui se rient des avertissements du Vicaire de Jésus-Christ et qui se moquent de la médiation de la Vierge à la Salette, à Lourdes et à Pontmain.

O sages de la terre, votre crédulité est autre que celle de l'Église! Vous avez confiance en vous, dans votre vanité et dans votre faiblesse, et vous rejetez ce surnaturel qui seul peut vous grandir et vous élever à la hauteur de la mission que vous avez entreprise.

Pour nous, suivons attentivement quelques-unes de ces révélations, et instruisons-nous par ce qui s'est déjà réalisé.

Depuis l'apparition de la Salette, les malheurs annoncés par la très-sainte Vierge se sont en partie accomplis ; mais il en est qui ont fait pleurer la Mère de Dieu, ce sont les plus terribles et contenus dans les secrets confiés à Mélanie. Le Souverain Pontife les a connus le premier ; et plus tard, lorsque les jours fixés pour leur révélation furent arrivés, Mélanie les a divulgués, suivant ce que lui avait prescrit la Vièrge Immaculée.

« On doit s'attendre », dit la bergère de la Salette [1],

1. Extraits de diverses lettres de Mélanie, publiées à Grenoble.

« à être gouverné par une verge de fer, et à boire « le calice de la colère de Dieu..... Pour un temps, « l'Église sera livrée à de grandes persécutions; ce « sera le temps des ténèbres, l'Église aura une crise « affreuse..... Tremblez, terre, car Dieu va vous « livrer à son ennemi..... Le Français se battra avec « le Français, l'Italien avec l'Italien..... L'Italie sera « punie de son ambition, elle sera livrée à la guerre; « le sang coulera de tous côtés; les églises seront « profanées; les prêtres, les religieux seront chassés, « on les fera mourir, et mourir d'une mort cruelle.... « Les autres nations auront aussi leur part dans les « châtiments..... La France, l'Italie, l'Espagne se- « ront en guerre, le sang coulera dans les rues..... « Notre pauvre France ferait bien, maintenant, de « réveiller sa foi, de se frapper la poitrine, si elle « ne veut être entièrement anéantie. La France ne « veut pas connaître le doigt de Dieu, elle ne veut « pas s'humilier; donc elle doit s'attendre à être « humiliée. » (Lettre de Mélanie du 23 juin 1871.)

« Vous désirez savoir quelque chose du secret que « la sainte Vierge m'a confié; mais je n'ai pas le « courage d'en écrire une seule ligne. D'ailleurs, « tout est effrayant. Je n'ai jamais pu penser à tout « ce qui va fondre sur les peuples, surtout sur la « France. Tout mon ennui vient du secret. » (Lettre de Mélanie, du 16 mars 1854.)

Le 20 novembre 1871, la pieuse fille écrit à sa mère : « Vous me dites que je suis heureuse de « savoir ce qui doit arriver à notre pauvre France ; « réjouissez-vous de ne rien savoir. Ah ! si l'on ne « se dépêche de revenir au bon Dieu, ce qui est « arrivé n'est encore rien, rien, rien ! »

« La sainte Vierge », dit autre part Mélanie, « est « venue en France, et la France n'est pas convertie ; « elle est plus coupable que les autres nations. La « France ferait bien de se frapper la poitrine, si « elle ne veut pas être entièrement anéantie..... « Elle n'a vu que le commencement de ses fléaux, « si elle ne retourne pas sincèrement à Dieu..... « Pauvre France ! pauvre France !... faudra-t-il « donc que les hommes soient écrasés par les fléaux « de la justice de Dieu irrité, pour leur faire ouvrir « les yeux et changer leur cœur? »

La Révolution est annoncée à plusieurs reprises comme devant triompher et imposer partout son joug de fer, pour châtier les crimes de la société.

« L'Italie », dit une sainte personne, Rosa Colomba, « l'Italie est inondée d'iniquités, et, en punition, elle sera couverte de ruines .... Une « grande persécution éclatera contre l'Église. La « Révolution s'étendra à toute l'Europe, il n'y aura « plus de calme qu'après que la fleur blanche sera « remontée sur le trône de France. »

« La France tombera dans une anarchie épou-« vantable », dit la vénérable Anna-Maria Taïgi, si remarquable par ses révélations réalisées sur Pie IX et par ses vertus qui font que la cour romaine s'occupe de sa canonisation ; « les diverses factions poli-« tiques se feront une guerre acharnée ; les vieil-« lards eux-mêmes prendront les armes. ... Une « révolution universelle aura lieu. »

La Révérende Mère Marie du Bourg écrivait en 1857 : « Les châtiments du Seigneur vont tomber « sur nous en diverses manières : des fléaux, des « troubles, du sang versé ! Il y aura dans notre « France un renversement effroyable. »

Citons pour mémoire un extrait des prophéties de l'abbé Souffran, curé de Maumusson, au diocèse de Nantes, mort en 1825 :

« La République sera proclamée, mais elle durera « peu. Vous entendrez alors plusieurs cris ; les trois « qui domineront seront : Vive la République ! Vive « Napoléon ! et le dernier de tous sera : Vive le « grand monarque que Dieu nous garde !... Avant « le grand monarque, des malheurs terribles doi-« vent arriver. Le sang coulera par torrents dans le « Nord et le Midi ; l'Ouest sera épargné à cause de « sa foi. Mais le sang coulera tellement au Nord et « au Midi, que je le vois couler comme la pluie dans

« un jour de grand orage, et je vois les chevaux « ayant du sang jusqu'aux sangles..... Alors, entre le « cri : *Tout est perdu et tout est sauvé*, il n'y aura « pour ainsi dire pas d'intervalle. »

« Quelque temps avant cette restauration, il fau- « dra soutenir une guerre étrangère : pour cela on « fera une grande levée d'hommes ; tous ceux de « dix-huit à trente ans partiront..., puis viendra « une crise civile dirigée surtout contre la religion..., « le choc sera terrible. On se battra du Midi au « Nord pendant plusieurs semaines, et les quinze « derniers jours, jour et nuit. Cependant, la crise « ne sera pas longue, mais il périra plus d'hommes « en ce peu de temps qu'en 93... Elle se fera sentir « surtout dans les grandes villes... »

D'après la vénérable Anna-Maria Taïgi et d'autres prédictions particulières de pieux personnages, il semble qu'on peut supposer avec raison que la France, qui aura été châtiée la première par les calamités annoncées, sera aussi la première qui reviendra à Dieu, au moins dans une grande partie de ses enfants. Les autres nations seront encore livrées aux troubles, aux séditions, aux désordres, aux ravages de la Révolution, quand déjà la Fille aînée de l'Église sera reconstituée et aura reconnu pour chef légitime un chef très-chrétien.

Nous pourrions encore citer les révélations de la

bienheureuse Françoise des Cinq Plaies, de la vénérable Mère Vénérini, du Père Clauti, etc..., qui, parlant du triomphe définitif de l'Église, annoncent un grand châtiment qui réduira à néant tous les projets des impies.

Le Saint-Père lui-même, à l'occasion de l'ouverture du carême de 1871, a prononcé ces remarquables paroles : « Nous serons certainement glorifiés « par une vengeance digne de Dieu, soit par l'admi- « rable conversion, soit par le terrible châtiment de « ses ennemis. »

Quelques mois plus tard, le sublime Pie IX disait : « Dieu se prépare à accomplir, au moment qu'il « a choisi, un grand prodige qui remplira le monde « de stupéfaction..... Une main humaine est impuis- « sante à sauver le monde, il faut que la main de « Dieu se manifeste visiblement, et je vous le dis : « *Nous verrons cette main divine des yeux de notre* « *corps.* [1]»

Dans toutes ces révélations, comme dans toutes prophéties, il y a toujours un côté obscur. Dieu ne soulève qu'un coin du voile, et se réserve à lui seul la connaissance entière de l'avenir. Sachons donc respecter le secret divin, et ne jamais oublier que

1. *Univers*, mars 1871.

le Seigneur ne nous menace de sa vengeance que pour nous faire obtenir miséricorde : ainsi, toutes les prédictions comminatoires sont conditionnelles.

Les châtiments dont nous sommes menacés ne doivent pas nous étonner, car, dit saint Grégoire : « Il est juste que nous trouvions notre punition « dans tout ce qui a servi à nos vices. »

Plusieurs prédictions de ces pieux personnages se sont réalisées : pourquoi celles-ci n'auraient-elles pas leur accomplissement ? La vénérable Anna-Maria Taïgi, morte depuis plusieurs années, avait prédit la lutte sanglante entre la Prusse et la France, et l'humiliation, l'affaiblissement de celle-ci pour avoir oublié son titre et ses devoirs de Fille aînée de l'Eglise. Aux horreurs de la guerre avec l'étranger et de la guerre civile (la Commune), elle nous montre les luttes sanglantes des partis et des prétendants révolutionnaires.

## VI.

Du reste, avons-nous besoin des révélations pour voir que nous marchons à une catastrophe épouvantable ? La société, si fortement ébranlée sur ses bases, peut-elle subsister longtemps dans un tel état ?

Mgr Dupanloup, évêque d'Orléans, dans sa lettre pastorale *sur les malheurs et les signes du temps*, confirme parfaitement nos dires sur les châtiments qui nous menacent. « Moi aussi, s'écrie le Prélat, » voyant le flot qui monte, je ne puis pas ne pas « être ému. Je dis froidement · J'ai traversé bien « des jours mauvais, *je n'en ai point rencontré de « plus menaçants que ceux où nous sommes. J'ai « entendu dans ces derniers temps des cris d'irré- « ligion, comme je n'en avais jamais entendu.*

« Depuis dix ans, poursuit le prélat-député, l'im- « piété a pris parmi nous un caractère effroyable... « Tout ce qui est Dieu, religion, culte, voilà ce « qu'aujourd'hui l'impiété qui se sent à l'aise, pour- « suit à des profondeurs et avec *une audace et un « ensemble qui ne s'étaient pas encore vus*. Les doc- « trines impies et révolutionnaires ne font plus « sourdement leur chemin sous terre; elles aussi « ont rompu leurs digues; je ne sais quelle puis- « sance mystérieuse les enhardit et les déchaîne... « Partout le débordement des plus subversives er- « reurs ; la guerre à Dieu et à l'Église plus univer- « selle, plus radicale, plus acharnée que jamais.

« *Oui, et voilà surtout ce qui m'épouvante et me « fait craindre pour les derniers jours de ce siècle « les dernières calamités.*

« Dieu nous avertit, et on ne comprend pas. Dieu « nous frappe, et on ne comprend pas.

« On comprendra un jour, mais trop tard, et *on « saura ce qu'il en coûte à un siècle pour avoir « porté la main sur le Christ du Seigneur.* »

Les principes de 89 en politique et l'esprit libre-penseur en religion ont bouleversé l'ordre social et l'ordre spirituel : dès lors, la guerre civile et la guerre entre les peuples est devenue comme l'état normal de notre société athée. Rien n'est plus sanguinaire que l'impiété ! Sous son règne, la force et l'égoïsme règlent tout. Dieu n'est plus la cause de l'ordre ni la source de l'autorité, de la souveraineté et de la justice.

La Révolution, qui met Dieu de côté, trouve tout cela en elle-même. Maintenant qu'elle a conquis les masses, elle enseigne que le nombre est la source de tout droit, et que les principes dépendent des majorités [1]. Elle prétend donc être la voie, la vérité et la vie des sociétés modernes, et c'est sur les ruines du christianisme qu'elle veut établir sa république universelle.

1. L'illustre Pie IX vient de traiter le suffrage universel de *mensonge universel.*

Est-il étonnant que Dieu ait pris de nouveau son œuvre en dégoût? Pour l'exterminer, il n'aurait qu'à livrer le monde à la Révolution. Il ne pourrait mieux se venger de l'ingratitude et de la folie des nations.

Tous les gouvernements sont en état de révolte contre Dieu! Aussi, ont-ils livré le Pape et l'Eglise à la fureur des impies. Les lois sont athées; les administrations affectent le libéralisme le plus faux; la franc-maçonnerie a fait régner la libre-pensée qui mène à des enfouissements cyniques. La force prime le droit; l'État s'est fait Dieu, et les coryphées de la Révolution sont devenus des persécuteurs et des bourreaux.

Evêques, députés, journalistes devront bien réfléchir avant de s'indigner contre ces attentats, et même de propager les enseignements du Pontife infaillible. Déjà, on engage au silence, quand on ne punit d'avoir parlé ..., et cela, pour plaire à qui?

Les sociétés secrètes, qui dominent tout, ont donné l'ordre à leurs sectaires de blasphémer et de faire blasphémer la sainte Trinité..... Dès lors, est-il étonnant que nos députés craignent de glorifier le Sacré-Cœur de Jésus, et que son étendard, qui a sauvé notre armée à Patay, n'ait pas été admis dans la cathédrale d'Orléans? Mais, qu'espérer quand, sous M. Thiers, on traitait de folie *les prières nationales*, qu'on insultait les pèlerinages, et quand une presse impie répand partout et fait croire aux masses que les désastres et les maux de la France proviennent des catholiques et surtout du clergé?....

Lorsque l'Empire romain croulait de toutes parts sous le poids de sa propre corruption et de l'anéantissement de toutes les vérités, de toutes les vertus, et que la colère divine lui faisait subir les plus dures épreuves, pour lui faire ouvrir les yeux à la lumière, les païens accusaient de même les chrétiens d'être la cause de tous ces désastres.

La famille, le travail, la propriété, l'économie politique, les principes fondamentaux de la société civile et religieuse, tout est attaqué, bafoué, disloqué; le monde n'est plus qu'un chaos. Est-il possible que la France se relève jamais, si Dieu l'abandonne à elle-même: car les meneurs de la Révolution s'arment contre tout ce qui est saint, renversent tout ce qui est religieux, et enlèvent tout droit à la société spirituelle. Ils corrompent l'enfance et la jennesse; ils falsifient l'histoire, favorisent tout mal et empêchent tout bien. Comment résister à tant de sources d'infamie qui nous dévorent? Les écoles libres-penseuses, les théâtres corrupteurs, les ateliers irréligieux, les mauvais livres, les journaux éhontés, tout nous conduit à notre perte.

Si nous voulons ressusciter, il faut absolument tuer la Révolution en tuant ses œuvres et ses faux principes. Les conservateurs libéraux qui n'ont jamais rien conservé, et les honnêtes gens qui subissent lâchement toutes ces hontes, aident puissamment à la grande débâcle et aux grands châtiments de la société moderne.

Soyons convaincus que les seules bases d'une société paisible sont : la bienfaisance en haut, la reconnaissance en bas et le dévouement partout. Sans ces vertus, nous ne trouverons ni l'ordre, ni la sécurité, ni le bonheur ; mais ces vertus ne peuvent exister que par Dieu et sa religion sainte.

Que la France rentre donc en elle-même, qu'elle reconnaisse ses erreurs et pleure ses crimes ! Oui, il est temps qu'elle foule aux pieds son orgueil, son faux libéralisme, son égalité mensongère et perfide. Il est temps qu'elle revienne au Christ-Jésus, qui aime encore les Francs, et à son Église ! Alors, mais seulement alors, elle conjurera la grande crise ; et le Prince que Dieu lui a réservé dans son infinie miséricorde, cet Henri-Dieudonné, accomplira ce que Louis XIV négligea de faire et ce que le Roi martyr ne put réaliser qu'au Temple, ce que vient d'accomplir la République de l'Équateur [1], ce qu'ont déjà fait bien des diocèses de France en se consacrant, lui et la patrie, au Cœur sacré de Jésus.

1. Par décret du Président de la République de l'Équateur, daté de Quito, 8 octobre 1873, cet État est consacré au Cœur de Jésus. La fête du Sacré-Cœur est déclarée fête nationale. Le souvenir de cet événement sera perpétué au moyen d'une inscription gravée en lettres d'or, sur une table de marbre placée dans chaque église.



POITIERS. — IMPRIMERIE DE HENRI OUDIN.

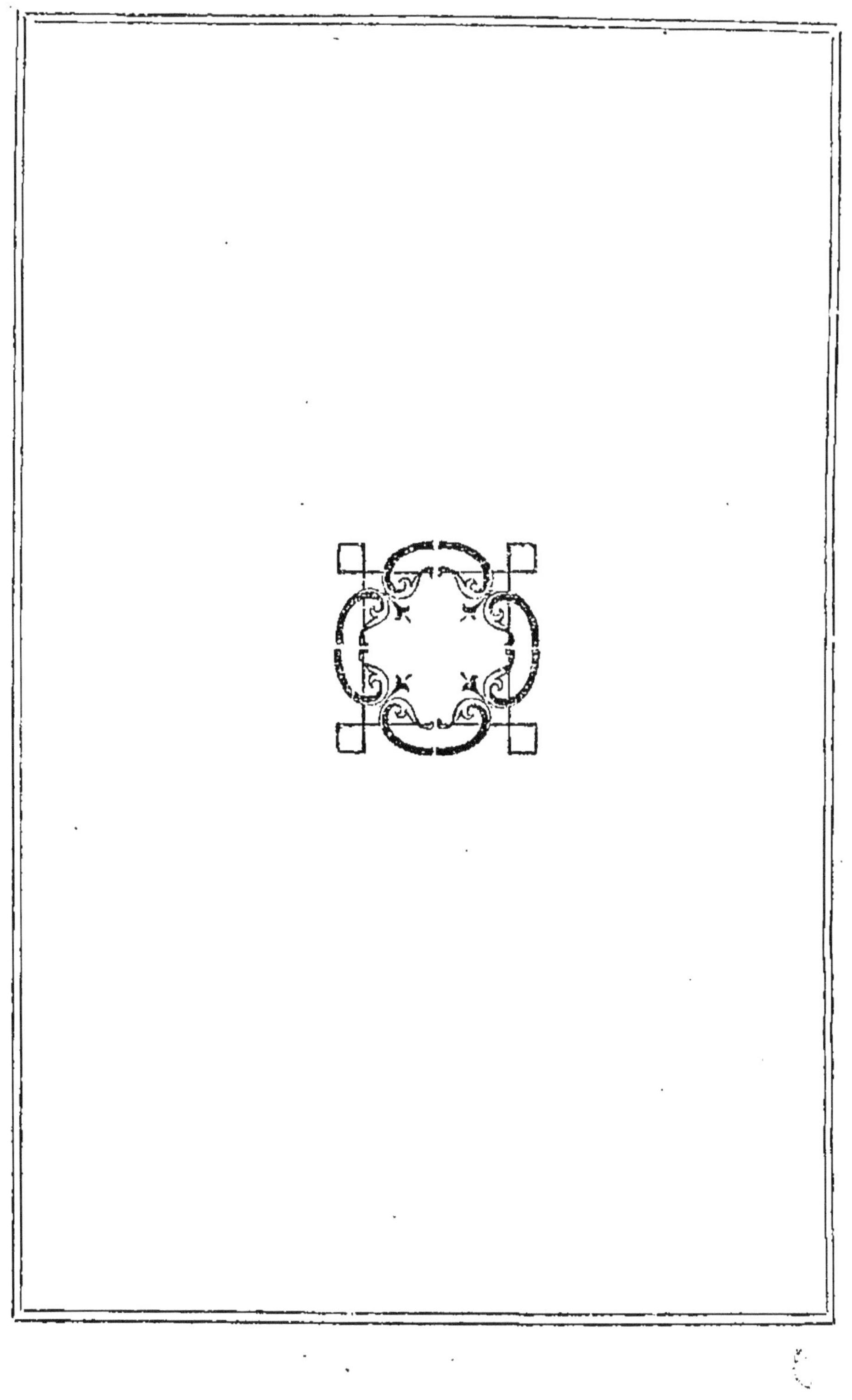

www.ingramcontent.com/pod-product-compliance
Ingram Content Group UK Ltd.
Pitfield, Milton Keynes, MK11 3LW, UK
UKHW020222200726
13856UKWH00004B/1562